복제는 정말로 비윤리적인가?

CLONER EST-IL IMMORAL?

by Laurent Degos

민음 바칼로레아 001

복제는 정말로 비윤리적인가?

로렝 드고 | 최재천 감수 | 김성희 옮김

민음in

차례

인간 자신의 창조물이 되어 버린 인간은
여전히 인간이기는 하나 더 이상 같은 인간은 아니다.
머지않아 우리는 인간과 완전히 닮은 개체를 탄생시키는 방법을,
그리고 아마도 다른 종들의 개체를 탄생시키는 방법을 손에 쥘 것이며,
결국에는 인간을 생산하고, 인간에 속하는 종을 생산할 것이다.
신에게만 있던 그 특권을 마침내 인간이 갖게 된 것이다.

— 미셸 세르

질문 : 복제는 정말로 비윤리적인가?

사람들은 흔히 생명의 복제란 아주 최근에 일어난 사건이라고 믿고 있다.

이는 전혀 사실이 아니다. 이미 1952년에 미국의 존 브리그는 수정란 세포를 떼어내 난자에 이식하는 방법으로 개구리를 복제함으로써 최초의 동물 복제에 성공했다. 이후 유전자나 세포를 복제해 의약품을 만들기 위하여, 멸종된 생물들을 복원하고 사라져 가는 생물들을 보호하기 위하여, 그리고 필요에 따라 품종을 개량하기 위하여 수없이 동물을 복제해 왔으며, 그 기술노 섬차 발날해 왔다.

하지만 요즈음 분위기와는 완전히 달랐다. 개구리, 생쥐, 양 등의 복제에 성공했다는 뉴스가 전해졌을 때 그에 대하여 특별

한 문제가 제기된 적도 없으며, 그런 행위가 대단한 사회적 논쟁의 대상이 되지도 않았다.

하지만 복제 대상이 인간이라면 어떨까?

1996년 영국의 이언 윌멋과 키스 캠벨이 복제양 돌리*를 탄생시켰다고 발표했을 때 이전과는 달리 사람들은 인간 복제 시대가 조만간 열리리란 것을 예감했다.

그 후, 대부분 해프닝으로 끝난 것 같지만, 실제로 인간 복제를 향한 시도들이 줄줄이 이어졌다.

2001년 이탈리아의 의사인 세베리노 안티노리와 미국의 생물학자인 패노스 자보스는 복제 기술을 이용하여 불임 부부가 아이를 가질 수 있도록 하는 실험에 착수하겠다고 발표했다. 다음 해 안티노리는 복제된 배아*를 이용하여 2003년 1월에 최초의 복제 아기가 탄생할 것이라고 주장하였다. 2002년 12

• • • •

복제양 돌리 보통 양과는 달리 어머니와 DNA가 똑같은 클론(복제 생물)이다. 그리고 DNA를 어머니에게서만 물려받았기 때문에 암컷임을 알 수 있다. 돌리란 이름은 윌멋이 어머니 양의 유방세포에서 핵을 꺼내 와서 돌리를 탄생시킨 터라 가슴 큰 미국 여가수 돌리 파튼의 이름을 따서 지은 것이다. 돌리의 탄생 과정은 나중에 본문에서 자세히 살펴볼 것이다.

배아 수정란이 세포 분열을 시작하고 난 이후 태아가 될 때까지 발생기에 있는 개체.

월에는 미국의 클로네이드라는 단체가 최초로 복제 인간이 탄생했다고 발표해 엄청난 충격을 주었다. 2003년 9월에 자보스는 다시 세계 최초로 인간 배아 복제에 성공했다고 주장했으며, 2004년 1월에는 35세 여성이 최초의 복제 아기를 출산할 것이라고 말했다.

이러한 뉴스가 언론을 점령할 때마다 인간 복제에 따른 갖가지 우려가 뒤를 이었고, 정치 지도자나 과학자들뿐만이 아니라 온갖 사람들이 입을 열고 논쟁을 벌이느라고 전 세계가 들썩이곤 했다.

그러나 무엇보다도 먼저 알 필요가 있는 것은 인간 복제를 연구하는 과학자들이 모두 같은 일을 하는 게 아니라는 것이다. 생명 공학 내부로 들어가 자세히 살펴보면 다시 수십 수백 가지로 그 목표가 갈리겠지만, 과학자들이 '인간 복제'를 통하여 이루려는 것은 다음과 같이 크게 두 가지로 나누어진다.

첫째, 한 인간에서 추출한 세포를 이용하여 다른 인간을 완벽하게 똑같이(그리고 마음대로) 복제하는 것이다. 이는 흔히 일반인들은 '복제 인간'이라는 말과 함께 떠올리는 것이다.

둘째, 환자 개개인의 특성을 그대로 가진 줄기 세포를 써서 새로운 장기를 복제하고, 이를 질병 치료에 이용함으로써 이식에 따른 면역 거부 반응 등의 각종 위험을 없애는 것이다. 이는 일반인들은 잘 모르고 있었지만, 최근에 인간의 배아 줄기 세포를 복제하고 배양하는 연구가 급진전됨에 따라 비로소 많은 사람들의 관심을 끌게 되었다.

첫 번째 목표의 인간 복제에 대한 사람들의 거부감은 실로 엄청나다. 전 세계의 정계, 종교계, 그리고 심지어 과학계마저도 이 연구가 진행되는 것에 커다란 거부감을 드러내면서, 법적 규제를 점점 더 강화하려는 움직임을 보이고 있다.

그렇다면 사람들은 왜 인간을 완전한 생명체로 복제하면 안 된다고 생각하는 것일까?

사실 이러한 종류의 거부감에는 윤리적, 과학적으로 잘 정립된 어떤 이론적인 근거보다는 '그냥 싫다', '위험해 보인다'와 같은 직관적인 요소가 훨씬 더 큰 영향을 미치고 있다.

수천 년 전에 율법을 통하여 근친상간을 금지할 때, 모세는 어떤 과학적인 근거도 제시하지 않았다. 물론 모세가 근친상간을 금지한 것은 당시 이집트 왕족들이 빈번하게 근친혼을 행했기 때문으로 이방의 풍습을 경계하고자 하는 의도였을 것이다. 그로부터 3000년이 지난 후에야 사람들은 근친혼의 유전적 위험에 대하여 알게 되었다. 아마도 우연이겠지만, 모세의 직관이 오늘날까지 유대인을 살아남게 한 것일지도 모른다.

그렇다면 인간 복제에 대한 사람들의 직관적인 거부감도 그와 같은 것이라고 할 수 있을까?

이 질문에 대한 답은 뒤에 다시 거론하기로 하고, 우선 그런 거부감이 전 세계적으로 어떻게 표출되고 있는지를 살펴보자.

1997년 유네스코 186개 회원국이 만장일치로 발표한 「인간 유전체 와 인권에 관한 일반 선언」은 제11조에서 "인간 존엄성에 반하는 행위, 즉 인간 복제 따위는 결코 허용하지 않을 것이다."라고 선언했다. 같은 해 유럽 평의회 41개 회원국은 "유전자에 근거한 모든 형태의 차별을 금지하고 연구 목적이라고 하더라도 배아의 복제를 금지"하는 「유럽 생명 윤리 협약」을 채택했으며, 2001년 이를 다시 보완하여 "살아 있는(또는 죽은) 인간 생명체와 유전적으로 동일한 인간 생명체를 인위적으로 만들려는 모든 시도"를 금지하는 「인간 복제 금지에 관한 추가 의정서」를 채택했다.

2001년 7월 31일, 미국 하원 역시 인간 복제를 목적으로 한 실험을 금지하는 「인간 복제 금지법」을 통과시켰다. 인간 복제로 볼 수 있는 모든 연구는 물론, 인간 배아 복제 세포에서부터 만들어진 제품을 수입하는 것조차 범죄 행위로 보는 강력한 법

● ● ●

유전체(genome) 세포가 가지고 있는 유전 정보 전체를 일컫는 말.

안이었다. 하지만 며칠 뒤 조지 부시 미 대통령은 배아 줄기 세포에 대한 연구는 계속 해도 좋다고 허용했다.

앞에서 말한 두 번째 종류의 인간 복제, 즉 치료 목적의 인간 복제에 대해서는 전 세계적으로 의견이 엇갈리고 있다. 치료 목적의 연구라고는 하지만 이 연구 역시 인간 개체의 완전한 복제로 이어질 수 있기 때문이다. 최근의 연구 결과에서 보듯이, 사람의 장기를 복제하려면 거의 반드시 배아 복제 단계를 거쳐야 한다. 이때 생기는 복제 배아를 그대로 자궁에 착상하면 환자와 유전적으로 동일한 인간이 탄생하는 것이다.

한편, 인간 배아에 대한 연구는 현재 국제적으로 통용되는 법규가 없기 때문에 나라별로 다르게 취급하고 있다. 예를 들면, 독일은 인간 배아에 대한 모든 종류의 실험을 금지한 반면, 영국은 인간 배아에 대한 각종 실험을 허용하고 있을 뿐만 아니라 이 분야를 연구하라고 학자들을 격려까지 하고 있다. 프랑스에서는 복제를 무조건 반대하는 자크 시라크 대통령과 치료 목적의 복제 연구는 찬성하는 리오넬 조스팽 총리가 의견 대립을 보인 적도 있다.

그러나 인간 생명의 정의를 정치인들이나 법률가들에게 맡겨 두는 것이 옳은 일일까? 수천 년 동안 우리 귀에다 대고 온갖 도덕을 다 논하던 철학자들은 다 어디로 사라졌을까? 아니,

이런 중요한 문제는 시민들이 뜻을 모아 결정해야 하지 않을까? 인간의 본질을 다루는 것인 만큼 이 중요한 주제에 대해 그들 역시 할 말이 많지 않을까?

아마도 시민들은 국가 5개년 개발 계획에 어떤 의견을 내는 것보다 복제 문제에 의견을 내는 것이 훨씬 더 의미가 있다고 느낄 것이다. 최근 프랑스에서 실시된 한 여론 조사는 '한 부부가 사고로 잃어버린 아이를 되찾기 위해서 복제 인간을 만들어 줄 것을 요구할 때 어떻게 해야 하는가?'를 사람들에게 물었다. 여론 조사 결과 사람들 대다수는 그 부부에게 호의적인 입장을 보였으며, 이러저러한 의견을 적극적으로 표명했다. 평소 정치 관련 여론 조사에 대한 반응을 생각해 볼 때 이는 놀라운 일이다.

의학적 가능성은 한없이 우리 마음을 끌지만, 신의 영역을 손대는 데 따르는 두려움은 우리를 신중하게 만든다. 이 새로운 과학적 도전 앞에서 도덕은 '공자님 말씀'에 지나지 않는다. 말장난하는 것 같지만 '도덕(morality)'은 그리스어 '에토스(ethos)'에서 파생된 동의어 '윤리(ethics)'에 슬그머니 자리를 내주면서 그 힘을 잃는다. 도덕은 하나밖에 없지만 윤리적 태도는 나라와 시대에 따라 변하는 것이다. 따라서 복제와 관련한 갖가지 문제들을 잘 이해한 다음 스스로 판단하는 것이 무엇보다도 필요하다. 이 책에서는 여러분들이 그럴 수 있도록 인간의 복제 방법과 그 이유를 간단히 알아보고, 그와 관련된 윤리적 문제들을 살펴볼 것이다.

1

무엇을, 어떻게, 왜 복제하는가?

복제란 무엇인가?

복제란 원본과 똑같은 것을 만드는 모든 행위를 뜻한다. 이 말은 인쇄소에서 책을 여러 권 찍어 내거나 공장에서 틀을 가지고 비누를 여러 개 찍어 내는 경우에도 쓰이고 있다. 하지만 이 책에서는 복제라는 말을 생명 현상에만 제한적으로 사용할 것이다. 이때 복제란 유전적으로 동일한 생물(또는 기관)을 만들어 내는 것을 뜻한다. 이를 염두에 두고 이제 복제 문제를 둘러싼 긴 여행을 함께 떠나 보자.

유전자와 세포를 어떻게 복제할까?

놀랄지도 모르지만, 생물학자들이 세포와 **유전자**˚를 복제하기 시작한 것은 벌써 수십 년도 훨씬 넘은 일이다. 유전자 복제는 주로 의약품을 만드는 데 쓰여 왔다. 연구를 통하여 과학자들은 의학적으로 유용한 어떤 물질을 만들어 내도록 명령하는 유전자를 찾아 내고, 제약 기술을 통하여 그 유전자를 무한정으로 증식(복제)해 왔다. 가령, 프랑스의 유전자 분석 연구소는 복제 물질을 이용하여 온갖 혈액 분자를 만들어 왔으며, 최근에는 인체의 자연 저항력을 키우기 위하여 복제를 통해 항암 세포를 증식하는 방법도 실험 중이다.

의사들은 인체(또는 동물)에서 나온 성분을 잘 정제해서 만든 의약품보다 복제 의약품을 투여하는 걸 더 선호한다. 의사들이 왜 그러는지는 혈액 제제가 가져온 재난을 떠올려 보면 금세 이해가 될 것이다. 에이즈를 일으키는 HIV 바이러스에

· · ·

유전자(gene) 생물체 하나하나의 유전 형질이 발현하도록 만드는 인자. 염색체상에서 일정한 순서로 배열되어 있으며, 생식 세포를 통하여 후손에게 유전 정보를 전달한다. 유전자는 DNA로 이루어져 있으며, RNA를 통해 세포에 단백질의 합성을 지시한다. 유전자의 염기 수나 순서에 이상이 생기면 돌연변이가 일어난다.

감염된 혈액을 원료로 해서 만든 혈우병 치료제가 인류에게 어떤 재앙을 가져왔는지를 잘 알고 있지 않은가? 그 혈우병 치료제가 복제 의약품이었다면 관리를 철저히 하는 한 결코 그런 일은 벌어지지 않는다. 복제 의약품은 성분이 항상 똑같고, 무한정 다시 만들 수 있으며, 질병 전염의 우려도 전혀 없다.(물론 예상치 못한 부작용조차 없다는 말은 아니다.) 따라서 복제 의약품은 품질이나 약효 등을 일정하게 보장받을 수 있으며, 훨씬 안전하게 사용할 수 있다. 하지만 혈액이나 인체 기관에서부터 만들어진 생물학적 제제의 경우에는 전혀 그렇지 않다.

복제 의약품을 생산하는 곳은 거의 생물학 공장이라고 불릴 만하다. 이 공장에서는 유전자 변형 생물을 이용하여 자연 상태에서만 존재하는 물질들을 대량으로 제조해 낸다. 실험실에서 변형되고 배양된 박테리아나 효모 또는 동식물 같은 다세포 생물의 세포에 유전자를 주입하면, 이들이 세포 등에게 의학적으로 유용한 물질을 대량으로 생산하도록 명령하는 것이다. 현재 이 방법을 통해 혈액 응고제를 비롯하여 인슐린,˙ 인터페

• • • •

인슐린 포도당을 글리코겐으로 바꾸는 일을 하는 호르몬 단백질. 췌장에서 만들어지며 체내 혈당량을 줄이는 작용을 한다. 당뇨병을 치유하는 데 쓴다.

복제 의약품을 생산하는 곳은 거의 생물학 공장이라고 불릴 만하다.
이 공장에서는 유전자 변형 생물을 이용하여
자연 상태에서만 존재하는 물질들을 대량으로 제조해 낸다.

론,˚ 에리스로포이에틴˚ 등의 호르몬을 생산하고 있다. 또한 이 방법은 백신이나 항암제 등을 생산할 때에도 쓰인다.

동물을 어떻게 복제할까?

복제양 돌리와 같은 경우, 복제품이 단 하나밖에 없다. 하지만 돌리 이후, '복제 동물'이라는 말은 어떤 동물 하나를 복제해서 만들어 낸 똑같은 동물 전체(이론적으로 무한히 반복해서 생산할 수 있다.)를 가리키는 말로 쓰이면서, 동시에 그러한 복제를 통하여 만들어 낸 한 개체를 가리키는 말로도 이해되고 있다.

그런데 이러한 정의를 그대로 받아들인다면, 개념상으로 약간 혼란이 생길 우려가 있다.

● ● ● ●

인터페론 바이러스의 감염과 증식을 저지하는 작용을 하는 물질. 유전 공학의 발달로 대량 생산되며, B형 간염, 헤르페스 등 바이러스성 질병의 치료에 쓴다.
에리스로포이에틴 흔히 EPO라고 불리며, 인간의 신장 세포에서 만들어지는 호르몬으로 혈액을 생성하는 기능을 하기 때문에 흔히 빈혈 치료제로 쓰인다. 최근에는 에이즈나 암 치료에도 사용되고 있다. 세계에서 가장 비싼 물질 중 하나로 1그램 가격이 67억 원에 이른다.

| 난자 | 정자 | 수정 | 8세포기 |

유성 생식

    만약 복제 생물이 하나의 개체만을 가리킬 수도 있다면, 이러한 의미의 복제 생물은 자연적으로 이미 존재할 뿐만 아니라 어떠한 금지나 제재를 받고 있지도 않기 때문이다. **일란성 쌍둥이**가 바로 그러한 의미의 복제 생물이다. 일란성 쌍둥이는 하나의 배아가 분열해서 생기기 때문에 개체로서는 서로 떨어져 있지만 유전적으로는 완전히 동일한 생물이라고 할 수 있다. 따라서 일란성 쌍둥이는 서로에게 복제 생물이 되는 셈이다. 물론 복제 생물이라고 할 때에는 일반적으로 이런 자연적인 복제는 배제한다. 복제 생물은 어디까지나 인간의 의도가 개입하여 인위적으로 복제를 일으키는 것을 전제로 한다.

    복제 생물을 만들어 내는 방법에는 대략 다음과 같은 세 가지 방법이 있다.

수정란을 분할해서 복제 동물을 만든다

동물 복제의 첫 번째 방법은 수정란을 고의로 분할해서 쌍둥이를 만들어 내는 것이다. 생물(동물이든 사람이든)의 발생 과정을 떠올려 보면 과학자들이 어떤 방법을 쓰는지를 쉽게 이해할 수 있을 것이다.

복제 실험의 시작은 난자와 정자를 만나게 하는 것이다. 정자와 난자가 마주치면 먼저 정자에서 **세포핵**˙이 분리되어 난자의 세포질˙ 안으로 들어간다. 그렇게 해서 난자의 핵과 정자의 핵이 합쳐지면 곧이어 세포 분열이 일어나 두 개의 딸세포가 생긴다. 딸세포의 핵에는 각각 난자의 염색체(n)와 정자의 염색체(n)를 더한 만큼($2n$)의 **염색체**가 들어 있다. 두 개의 딸세포에 똑같은 유전자형˙을 전달하기 위해 난자와 정자의 염색체가 한 차례 복제된 것이다. 계속해서 세포는 둘에서 넷으로, 넷에서 여덟으로 분열된다. 이렇게 수정란이 여덟 개의 세포로

●　●　●

세포핵 세포 중심에 핵막으로 싸여 있는 공 모양의 물체. 속에 가득 찬 핵액에는 염색사(染色絲)와 인이 들어 있다. 세포 작용의 중추가 되며, 세포 분열에 관계한다. 줄여서 '핵'이라고도 한다.
세포질 세포에서 핵을 제외한 원형질 부분. 주요 성분은 단백질이다.
유전자형(genotype) 생물체 개체의 특성을 결정짓는 유전자의 결합 방식.

분할한 시기를 8세포기라고 한다. 8세포기까지의 세포들은 하나하나가 **전능성**, 즉 완전한 개체로 발생해 갈 수 있는 능력이 있다. 이 세포들을 인위적으로 분리해서 같은 종의 동물 자궁에 착상하면 유전적으로 똑같은 쌍둥이(즉, 여덟 쌍둥이까지 가능하다.)가 태어나는 것이다.

한편, 세 번째 세포 분열 단계(8세포기)를 지나면 세포는 태반이 되는 주변 세포와 배아가 되는 중심 세포로 나누어져서 전능성을 상실해 버린다는 것도 알아두자.

체세포 복제로 복제 동물을 만든다

두 번째 복제 방법은 첫 번째 방법보다 조금 더 까다롭다. 1996년 7월 5일 영국 스코틀랜드의 로슬린 연구소에서는 이 방법을 이용하여 복제양 돌리를 탄생시켰다.

로슬린 연구소의 윌멋과 캠벨은 난자에서 n개의 염색체를 가진 핵을 제거한 다음, 그 자리에 성체 세포˚ (젖샘 세포)로부터 추출한 $2n$개의 염색체를 가진 핵을 삽입했다. 그러자 인위적으로 $2n$개의 염색체를 갖게 된 난자가 수정된 배아와 마찬가

• • • •

성체 세포 다 자란 생물이 가지고 있는 세포.

지로 세포 분열을 시작했다.

성체 세포의 핵은 유전 정보를 모두 가지고 있더라도 이미 분화된 상태이기 때문에 단백질 합성 능력이 상당히 제한되어 있다. 그리고 복제양 돌리가 탄생할 때까지 그러한 제한은 결정적이며, 성체 세포의 핵이 그 능력을 다시 회복하는 것은 불가능하다고 알려져 있었다. 혈액 세포(혈구)는 근육 세포(근세포)가 될 수 없고, 젖샘˙에서 간 세포가 만들어질 수 없는 것처럼 말이다.

돌리가 탄생하면서 과학자들은 난자가 포유류 성체 세포의 핵이 완전한 개체로 발현할 수 있는 능력을 되살려 준다는 것을 알게 되었다. 다시 말해 난자는 성체 세포의 핵이 상실한 단백질 합성 능력을 모두 되살려서 전능성을 회복해 주는 것이다. 이후 과학자들은 이 방법을 이용하여 쥐, 소, 토끼, 고양이, 개 등을 차례로 복제해 냈다.

근친 교배로 복제 동물을 만든다

세 번째 복제 방법은 한 혈족의 동물을 20~30대에 걸쳐 계

● ● ● ●

젖샘 유방 속에 있는, 젖이 나오는 샘.

속 교배하는 것이다.(처음에는 부모 자식 세대 간에, 다음에는 형제 세대 간에.) 근친 교배는 동질성을 강화하기 때문에, 이렇게 계속 교배하다 보면 결국 그 동물은 순계 혈통에 도달한다. 형제, 자매, 부모, 자식 할 것 없이 모두 같은 유전자형을 갖게 되는 것이다.

자식이 아버지의 염색체 n과 어머니의 염색체 n을 물려받는 것을 떠올려 보자. 근친 교배를 통하여 부모가 $2n$이라는 동일한 유전자형을 가지고 있다면, 부모 각각에서 n을 물려받아 $2n$으로 이루어지는 자식의 유전자형 역시 부모와 동일해지는 것이다.

하지만 이러한 순계 혈통을 타고난 동물은 아주 허약해서 질병에 걸리기가 쉽고, 토끼와 같은 종은 이런 식으로 해서 순계 혈통을 만드는 것이 아예 불가능하다. 게다가 당연히 이 방법은 동물에만 적용할 수 있다.

인간을 어떻게 복제할까?

앞에서 이미 말한 바 있지만 인간 복제는 목적에 따라 두 가지로 크게 나눌 수 있다.

하나는 한 개체와 유전적으로 완전히 똑같은 다른 개체를 만들려고 하는 것(개체 복제)이고, 하나는 환자와 유전적으로 동일한 배아 줄기 세포를 실험실에 준비해 두었다가 질병으로 인한 결함을 보완하는 데 사용하려고 하는 것(치료 복제)이다.

'인간 복제'라는 용어가 야기하는 일반인들의 공포를 피하기 위하여 정치가나 기업가나 과학자는 종종 개체 복제를 '분신 만들기'라는 말로 부르고, 치료 복제를 골수 이식이나 조혈 세포 이식과 대비하여 '세포 요법'이라는 고상한 말로 부르기도 한다. 그러나 말을 바꾼다고 해서 환자의 세포와 유전적으로 동일한 줄기 세포를 얻으려면 반드시 복제 배아 단계를 거쳐야 한다는 사실이 바뀌지는 않는다.

게다가 일반적인 생각과는 달리 복제 인간은 원래 인간과 신체적으로만 동일할 뿐 정신적으로는 별개의 인간이다. 따라서 복제 인간을 분신이라고 부르는 것은 얼토당토않은 일이다.

그럼, 이제 인간 복제가 어떻게 이루어지는지 자세하게 알아보자.

배아 복제란 무엇인가?

대다수 사람들은 모르고 있겠지만, 배아 복제는 이미 널리 이루어지고 있다.

배아 복제에는 두 가지 형태가 있는데, 이를 엄밀하게 구분할 필요가 있다. 첫 번째 형태는 **생식 세포**(정자와 난자)가 결합하여 생겨나는 수정란을 분할하는 것이다. 의학자들은 이 방법을 이용하여 착상 전 진단법을 개발해 냈다. 배아를 복제하는 두 번째 형태는 핵 이식을 통하여 만든 배아를 복제하는 것으로, 개체 복제와 치료 복제가 여기에 해당된다.

수정란 분할법

배아는 액체 질소에 넣어 얼리면 오랫동안 손상 없이 보관할 수 있다. 생물학자들은 배아를 시험관에서 배양하기도 하고, 강제로 분할하기도 한다.

착상 전 유전 진단법을 시행하려면 먼저 시험관 수정부터 해야 한다. 시험관 수정은 여성에게 배란 촉진제를 투여함으로써 난자의 과배란을 유도하는 데에서 시작한다. 과배란이란 정상적으로는 한 번에 하나만 생기는 난자를 한 번에 여러 개 생기도록 하는 것이다. 다음 단계로는 그런 식으로 확보한 난자에 정자를 집어넣어 수정을 시킨 후, 시험관에서 사흘 동안 8세포기까지 분할이 되도록 배양한다. 그 직후 수정란에서 1~2개의 배아 세포를 분리해 이를 일일이 정밀하게 진단한다. 검사 결과 비정상적인 수정란, 즉 돌연변이 유전자가 있거나 염색체 이상이 있는 수정란은 자궁에 착상시키지 않고 건강한 수정란만 자궁에 착상시켜 임신을 유도한다.

이 기술은 영국에서는 흔히 사용되고 있으며, 프랑스의 경우에는 2000년 11월에 발랭탕이라는 아기가 착상 전 유전 진단법을 통하여 처음으로 태어났다. 발랭탕의 부모는 가계의 유전적 이유 때문에 유산을 할 수밖에 없는 몸이었으며 실제로도 여러 번 유산을 했는데, 착상 전 유전 진단법을 통하여 출산에 성공한 것이다.

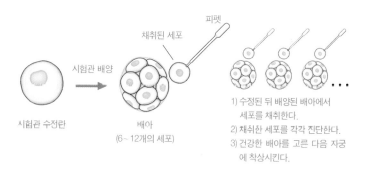

피펫

채취된 세포

시험관 배양

시험관 수정란

배아
(6~12개의 세포)

1) 수정된 뒤 배양된 배아에서 세포를 채취한다.
2) 채취한 세포를 각각 진단한다.
3) 건강한 배아를 고른 다음 자궁에 착상시킨다.

착상 전 유전 진단법

그러나 착상 전 유전 진단법은 배아를 배양하고 세포를 채취하는 것을 허용해야 하는가, 그렇지 않은가 하는 논란을 피할 수 없으며, 그 시술 기준 역시 명료하지 않은 문제를 안고 있다. 가령, 다음과 같은 문제들이 제기될 수 있는 것이다.

착상 전 유전 진단법은 도대체 언제 권해야 하는 것일까? 태아가 유산될 위험이 있을 때? 신생아가 예를 들어 근육병*과 같은 심각한 병이나 평생 치료를 받아야 하는 병에 걸릴 확률이 높을 때? 암 같은 불치병에 쉽게 걸릴 수 있는 상태일 때? 장애로 인해 태어나자마자 죽을 위험이 있을 때?

착상 전 유전 진단법은 분명 건강한 아기를 출산할 가능성을 높여 준다. 심지어 생물학자들은 착상 전 유전 진단법을 통하여 결함 있는 유전자를 교체할 수도 있음을 공공연하게 암시한다. 하지만 건강하지 않을 가능성이 높은 아기나 결함 있는 유전자를 가진 아기는 과연 세상의 빛을 볼 권리조차 없는 것일까?

일부 시민 단체들은 착상 전 배아의 유전자에 대한 어떠한

• • • •

근육병 근육 약화를 주 증상으로 해서 점차 진행되다가, 결국 신체 장애를 가져와 일상 생활을 모두 타인에게 의지하게 되는 만성 질병.

종류의 개입도 반대하고 있다. 배아 유전자에 대한 개입은 결국에는 우리 이후에 올 모든 세대가 어떤 유전자 하나를 더 갖거나 덜 갖거나 하는 것을 뜻하게 된다. 그렇다면 아무리 그것이 질병에 대한 위험을 없애 주는 것이라 하더라도, 우생학˚으로 가는 길을 터주는 행위라는 것이다.

체세포 핵 이식법

체세포 핵 이식법이란 복제양 돌리를 만든 것과 마찬가지로 체세포의 핵을 난자에 이식하는 방법을 사용하는 것이다. 수정란 분할법과는 달리 이 방법을 쓰면 핵을 제공한 사람과 유전적으로 똑같은 개체를 복제할 수 있다.

체세포 핵 이식법을 통해 만든 배아를 이용하여 인체에 거부 반응이 전혀 없는 각종 장기를 만들려는 치료 복제의 경우부터 자세히 살펴보자.

앞에서 이야기한 것처럼, 8세포기가 지나면 수정란은 태반

● ● ● ●

우생학 유전 법칙을 응용해서 인간 종족의 개선을 연구하는 학문으로 1883년에 영국의 골턴이 제창하였다. 달리 인종 개량학으로 불리기도 하며, 나치의 유대인 학살의 한 근거로 이용되었다.

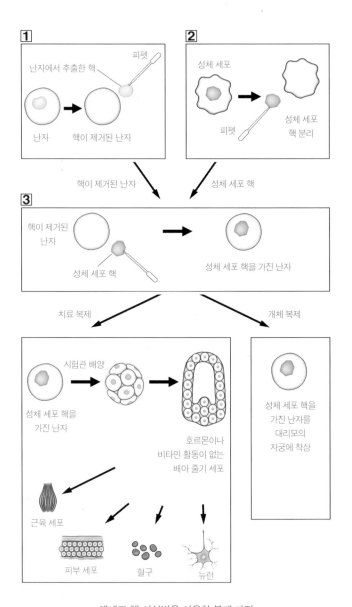

체세포 핵 이식법을 이용한 복제 과정

이 되는 주변 세포와 배아가 되는 중심 세포로 분화한다. 이때 중심 세포에는 배아 줄기 세포(**만능 세포**)가 들어 있다. 배아 줄기 세포는 비타민 작용이나 호르몬 조절에 의하여 나중에 **분화 세포**(신경, 근육, 간장, 혈액 등)로 발달해 나간다. 배아 줄기 세포를 만능 세포라고 부르는 것은 이 세포가 신경 세포, 장기 세포, 조직 세포, 골수 세포 등 인체를 구성하는 다양한 세포로 분화할 수 있는 능력을 가지고 있기 때문이다.

갓 태어난 어린 분화 세포에 비하여 오래된 분화 세포(나이 든 사람의 분화 세포)는 활동력이 크게 떨어져서 기능 부진을 일으키며, 이러한 노화 현상이 수많은 퇴행성 질환의 원인이 된다. 하나 현재의 의학 수준으로는 장기 이식˚을 제외하면 어떠한 방법으로도 늙은 세포 조직을 재생시키지(젊게 만들지) 못한다. 따라서 의사들이나 생물학자들은 장차 어떠한 조직으로

• • • •

장기 이식 수술을 통하여 한 사람에게 다른 사람의(또는 다른 생물의) 장기를 옮겨 심음으로써 장기 자체를 교체하는 것을 말한다. 현재 기술 수준으로는 신장이나 간 등 몇몇 장기만을 이식할 수 있는 데다 이식용 장기 자체를 구하기 쉽지 않으며, 이식 후에도 인체 내 면역 거부 반응이 심하여 성공 확률이 그다지 높지 않다. 치료 복제가 관심을 끄는 것은 이론상 복제를 통해서 만들어진 장기는 반복 생산할 수 있을 뿐만 아니라 환자와 동일한 유전자를 갖고 있어서 이식하고 나서도 면역 거부 반응이 전혀 없기 때문이다.

도 분화할 수 있는 배아 줄기 세포를 얻는 방법에 대하여 커다란 관심을 보여 왔다. 배아 줄기 세포를 배양하는 기술과 배아 줄기 세포를 특수한 형태의 세포로 분화하는 기술을 실제로 손에 넣게 되는 것이기 때문이다.

이미 파킨슨 병*이나 헌팅턴 병*에 걸린 사람들을 치료할 때 유산된 태아에서 추출한 세포(배아 줄기 세포에서 유도된 뉴런*보다는 훨씬 더 발달해 있어서 이미 상당히 분화된 세포이기는 하지만)를 환자의 뇌에 주입하는 방법을 사용하고 있다. 그러나 문제는 세포나 조직이나 장기를 이식할 때와 마찬가지로 환자의 면역 체계가 그 세포들을 이물질로 확인하고 공격하는 면역 거부 반응이 일어날 가능성이 높다는 것이다.

이러한 면역 거부 반응을 없애려면 환자와 동일한 유전자형을 가진 배아 줄기 세포를 배양하여 이식하는 것이 최선이며, 이는 환자 자신의 배아 줄기 세포를 복제함으로써만 비로소 가

● ● ● ●

파킨슨 병 손이나 몸이 떨리고 근육이 딱딱하게 굳어지며 몸동작이 점차 느려지면서 자세가 불안정해지는 신경 퇴행성 질환.
헌팅턴 병 뇌신경의 퇴화로 인하여 춤을 추는 것처럼 보이는 불수의 운동과 치매를 가져오는 유전성, 퇴행성 신경계 질환.
뉴런 신경 세포. 자극을 수용하고 전달하는 기능이 있는 신경계의 기초 단위.

능해진다.

이제 전 세계의 많은 의학자들이 치료 복제에 매달리는 이유를 알았을 것이다. 그러나 치료 복제는 다른 사람의 배아 줄기 세포를 추출하여 환자에게 이식하는 것보다 의학적으로는 훨씬 더 성공적이겠지만 도덕적으로는 훨씬 더 위험한 행위라는 것을 일단 알아 두고 넘어가자.

개체 복제의 경우는 어떨까?

살아 있는 복제 인간을 만들어 낼 수 있는 기술은 이론적으로는 간단하다. 핵 이식을 통하여 만들어진 배아 줄기 세포, 즉 치료 복제를 위하여 만들어진 것과 동일한 배아 줄기 세포를 그대로 자궁에 착상하면 된다.

그러나 한 가지 여기에서 짚고 넘어가야 할 사실은, 복제양 돌리에서 드러났듯이, 이러한 방식의 복제가 실제로는 실패 확률이 높다는 것이다. 개체 복제를 통하여 태어난 동물 중 많은 수가 호흡 및 혈액 순환 장애를 겪었다. 성체 세포의 핵을 사용했기 때문에 난자의 도움을 받았음에도 그 기능이 완전히 회복되지 않은 것이 원인일 것이다. 그렇지만 기술이 더 발달하면 그러한 문제는 머지않아 극복될 것임이 분명하다.

마지막으로 그다지 하고 싶지 않은 얘기이기는 하지만, 이상에서 살펴본 두 가지 형태의 복제 사이에 끔찍한 중간 단계가 있을 수 있다는 것을 언급해야겠다. 환자에게 세포만이 아니라 장기를 제공하기 위하여 태아를 만드는 행위 말이다. 장기 저장소로서의 복제 태아, 이는 어쩌면 조만간 이루어질 일이 될지도 모른다.

2

인간 복제는
왜 문제가 되는가?

복제 문제는 과학의 영역을 넘은 문제가 아닐까?

과학 연구의 목적은 세계와 인간을 올바로 아는 것이다. 이러한 목적은 전적으로 존중해야 하지만, 과학 연구를 통하여 얻은 지식과 그 지식을 이용하는 것을 혼동해서는 안 된다. 어떤 지식을 이용하는 행위는 기술의 영역에 속하며, 지식 그 자체를 추구하는 것과 달리 옳고 그름의 개념이 필요한 것이다.

물론 새로운 지식의 추구에도 한계가 있다. 알고 싶다고 해서 아무 짓이나 할 수는 없다. 클로드 베르나르˚는 혈액 내의 당 조절 과정을 알아내기 위하여 동물의 간장과 췌장을 제거하는 실험을 했지만, 사람에게노 그런 일을 해 보고 싶다는 생각은 한 적이 없었다. 이처럼 인간을 대상으로 한 실험은 인간의 완전성을 훼손해서는 안 되며, 인간의 존엄성 또한 해치지 말아야 한다.

동물 실험을 통하여 그 효능이 입증된 새로운 치료법이라 할지라도 실제로 인간에게 적용할 때에는 얼마나 신중한지를 떠올려 보자. 물론 새로운 치료법을 통하여 병의 치료에 획기적으로 좋은 결과를 빚을 수도 있을 것이다. 하지만 그렇다고 해서 임상 실험에 참여하는 환자들에게 위험이 전혀 없는 것은 아니다. 의학자들이 생각할 수조차 없었던 부작용이 나타날 수도 있으며, 심지어 그로 인해 생명을 잃을 수도 있는 것이다. 따라서 이러한 종류의 임상 실험은 그 결과가 소수에 대해서가 아니라 수많은 사람들에게 유용한 것인지를 재삼재사 검증한 후에야 비로소 실행된다.

이러한 맥락에서 볼 때, 인간 개체 복제나 배아 복제 문제는 혹시 지식 추구의 한계를 넘어선 것은 아닐까? 어떤 과학자들은 연구에 대한 각종 제한에 격렬하게 저항하고 있으며, 어떤 과학자들은 연구 자체의 지속성에 대하여 회의적인 모습을 보

● ● ● ●

클로드 베르나르(Claude Bernard, 1813~1878) 프랑스의 생리 의학자. 동물과 식물의 소화 작용을 연구하여 많은 업적을 세웠다. 1857년 글리코겐을 발견했으며, 이자가 지방을 소화하는 데 결정적 작용을 한다는 사실을 알아냈다. 모든 것을 실험과 해부를 통하여 증명하려 한 실험 의학과 일반 생리학의 창시자이기도 하다.

인다. 이러한 문제에 일정 정도 답하려면 도대체 배아가 인간에게 어떤 존재인가 하는 물음에 대해 답해야 한다.

배아는 인간일까?

　인간은 자연의 일부인 동시에 자연을 넘어서는 존재이다. 물론 이러한 진술은 확인할 길이 없다는 점에서 사실이 아닐지도 모른다. 하지만 많은 사람들이 그렇게 믿고 있는 것만은 분명하다. 따라서 어떤 사람이 다른 사람들에 비하여 능력이나 재능이 부족하더라도 그 자체로 가치가 있다. 인간은 사회적 유용성에 따라서 마음대로 이러거나 저러거나 할 수 있는 존재가 아니다.

　그렇다면 배아와 태아의 경우에도 그럴까? 어느 순간부터 인간이라고 말할 수 있을까?

　수정에서 출산까지의 과정 중에서 생명이 정확하게 언제부터 인간이라고 부를 수 있는 상태가 된다고 말할 수 있게 해 주는 생물학적 지표는 없다. 어떤 사람들은 세포 형질에서 개체성을 획득하는 경계가 있으며, 일반적으로 그 경계는 원시선이 출현하는 수정 후 14일이라는 기준을 내세운다. 요컨대 수정

후 14일이 지나기 전의 배아는 인간이라기보다는 살아 있는 세포 덩어리에 지나지 않는다는 것이다. 일란성 쌍둥이가 만들어지지 않는다면, 이러한 기준도 생명의 시작을 정하는 데 유용하다고 할 수도 있다. 그러나 정말로 이를 기준으로 삼기만 하면 모든 문제가 해결되는 것일까?

어쨌든 어느 순간부터 인간이라고 부를 수 있는가 하는 문제에 대한 답은 종교적 신념, 의학적 유용성, 과학적 호기심과 발견 경쟁, 기술적 업적에 대한 찬양, 정치적 이유, 법정 판결 등에 따라 의견이 갈리고 있다. 그 때문에 보통 사람들로서는 거의 이해하기 힘든 결정이 내려지는 한편으로 그와는 정반대의 결정도 나오고 있다. 결국 이 문제에 대하여 우리는 결정적인 답변은 아무것도 듣지 못하고 있는 셈이다.

태아 : 사람인가, 물건인가?

인간의 경우 임신 첫 12주를 기준으로 배아와 태아로 구분한다. 낙태 자체를 아예 금지하는 나라도 적지 않지만, 프랑스에서는 임신 12주까지는 낙태를 허용하고 있다. 이러한 기준에 따르면 임신 12주까지는 아직 완전한 생명으로 보지 않는다는 합의가 있다고도 할 수 있지만, 낙태아에 대하여 사람이 죽었을 때와 마찬가지로 경건한 마음을 표하는 것이 일반적인 것을 보면 반드시 그렇지만도 않다.

신분의 관점에서 보자면, 태아는 땅에 묻히고 이름을 얻어 가족 대장에 오른다. 그런데 법의 관점에서 보자면, 태아는 사람이 아니다. 2001년 7월 프랑스 대법원은 산모가 교통사고 때문에 6개월 된 태아를 유산한 사건에 대해 판결을 내리면서, 태아가 더 자라서 태어날 수 있는 존재라 하더라도 아직 어머니 배 속에 있기 때문에 사람이 아니라고 판단했다. 따라서 태아를 유산하게 만든 것은 살인이라고 볼 수 없다는 것이다.

물론 법적 견해가 태아가 사람이 아니라고 판단했다 해서 자동으로 태아가 물건이 되는 것은 아니다. 이러한 견해는 그저 법이란 사람도 아니고 물건도 아닌 제3의 존재에 대해서는 기술할 수 없다는 것을 뜻할 뿐이다.

배아의 지위는 무엇일까?

배아를 하나의 인간으로 보기도 쉽지 않지만 상속할 수 있는 것도, 돈으로 바꿀 수 있는 것도 아니므로 물건이라고 보기도 어렵다. 그렇다면 가족을 갖지 못한 배아들은 어디에 소속되는 것일까?

시험관 아기 시술을 통하여 원하는 아기를 얻은 부모들이 병원 실험실에 두고 간 '잉여 배아'는 전 세계에서 수백만 개에 달한다. 현재 그러한 잉여 배아는 부모들이 원할 경우 다시 시험관 아기를 시술하기 위하여 5년간 보관되고 있다. 하지만 그다음에는?

배아 줄기 세포주˙ 실험에 이용할 수 있도록 허용된 배아들은 부모들이 '제공한' 것이다. 그렇다면 그 배아들은 본래 부모에게 소속되어 있을까? 아니면 실험실 소속일까? 아니면 사회 소속일까? 그도 저도 아니면 인간 자체에 소속되어 있다고 봐야 할까? 이 마지막 질문은 우리를 윤리와 도덕의 영역으로 데려다 놓는다.

잉여 배아가 인간 생명의 시작이라고 볼 때, 이를 둘러싼 도덕 원칙은 종교와 비슷해진다. 인간 생명의 출발점을 보는 관점은 "생명이란 무엇인가?" "우리는 어디에서 왔는가?" "우리는 어디로 가고 있는가?" 등의 질문에 대하여 어떻게 답하느냐에 따라서 달라진다. 어떤 사람은 인간이란 하느님의 형상에 따라 만들어졌으며 잉태된 순간부터 존재하는 것이라고 볼 것이고, 어떤 사람은 토마스 아퀴나스의 말처럼 인간에게 영혼이

• • •

세포주(cell line) 유전자 구성이 같은 세포 집단을 말하며 인공 배양한 하나의 세포로부터 분열 증식한 결과로 생긴다. 세포질이 필요로 하는 영양 성분을 알아내고 약에 대한 저항력 따위를 연구하는 데 이용한다.

깃들게 되는 임신 후 40일째 되는 날이라고 볼 것이며, 어떤 사람은 대법원 판사들 말에 따라 어머니 자궁 속에서 나와서 첫 호흡을 하고 첫 울음을 터뜨렸을 때에만 인간이라고 볼 것이다. 또 다른 사람들은 인간이 생명의 시작을 마음대로 다루는 만큼 이제 신에 가까운 존재가 되었다고, 더 나아가서 인간의 형상대로 복제 인간을 만들고 그 복제 인간을 통해 자신도 영원한 존재, 영원히 되살아날 수 있는 존재가 될 수 있으므로 인간을 신이라고까지 생각하기도 할 것이다. 복제 인간은 아담에서 이브가 만들어진 것처럼 성관계를 거치지 않고 이루어진다는 것도 지적하면서.

그러나 생명의 출발점에 대한 개인적인 생각 차이를 넘어서서, 복제가 제기하는 도덕적인 문제들을 차분하게 들여다볼 필요가 있다. 이를 하나씩 하나씩 살펴보기로 하자.

배아를 마음대로 처리해도 좋을까?

배아든 태아든 죽으면 모두 흙으로 돌아간다. 하지만 살아 있는 동안 세포 공급원이 되느냐, 미래의 사람으로 대접받느냐에 따라서 궁극적인 존재 이유가 완전히 달라진다. 배아를 치료용 세포의 공급원이 되도록 마음대로 다루어도 될까? 배아를 조작해서 돈벌이가 되는 특허를 따내고(유럽에서는 현재 금지되어 있다.) 생산된 세포들을 이윤을 남기고 팔아도 되는 것일까?

치료 도구가 된 배아는 그 순간부터 자신을 위해서가 아니라 타인을 위해서 살게 된다. 자신이 선택하지도 않았는데 타인을 위하여 생명을 희생해야 하는 것이다. 이러한 관점에서 보자면, 치료 복제 역시 개체 복제만큼이나 비판의 여지가 있다.

배아의 궁극적인 존재 이유에 대한 논쟁은 모든 형태의 배아에 대해 유효하다. 이러한 논쟁에서는 잉여 배아와 다른 배아를 구별하는 것이 불가능하다. 비록 잉여 배아가 세포 공급원이 되어 배아 줄기 세포주를 만드는 데 쓰인다 하더라도, 아기를 바라는 마음에서 애지중지 보호받는 배아와 부모가 포기한 후 의약품으로 사용되는 배아가 처음부터 따로 존재하는 것은 아니다. 버림받고 액체 질소 상자에 보관되어 있다는 사실 때문에 그 배아의 운명이 원래부터 그런 것이라고 보기는 어려운 것이다.

배아의 도구화 문제는 착상 전 유전 진단법을 시행할 때 이미 제기된 바 있다.

난세포를 8세포기 이전에 분리하면 실제로 쌍둥이를 만드는 것과 똑같은 셈이다. 그렇다면 마땅히 살아갈 자격이 있는 쌍둥이 형제 중 몇몇은 유전적으로 건강한 아기를 출산하기 위한 부모의 도구가 되어 버리는 것이다.

이러한 논란을 피하기 위해 가끔 8세포기를 지나서 배아가 6~12개의 세포로 나누어지는 좀 더 성숙한 단계로 접어들기를 기다린 다음에 비로소 착상 전 유전 진단법을 시행하는 경우도 있다. 그러면 세포 채취의 목적이 복제를 위한 것이 아니라 생체 검사를 위한 것으로 받아들여지기 때문이다.

하지만 그런다고 문제가 궁극적으로 해결되지는 않는다. 8세포기 이전에 분리된 쌍둥이 배아는 홀로 착상해서 태반을 만들 수 있지만, 대개는 다른 일란성 쌍둥이 형제와 태반을 공유하는 경우가 많다. 이는 일란성 쌍둥이가 난분할 초기가 아니라 훨씬 뒤에 나타난다는 것을 보여 주는 증거이다. 다시 말해 배아는 자궁에 착상을 시작하면서 미세한 진동을 수없이 일으켜서 자신을 둘러싼 막을 벗겨 내는데, 그 순간에 어쩌다가 둘로 분열되는 경우가 많은 것이다. 이 시기는 착상 전 유전 진단법을 시행하는 시기와 비슷하다. 따라서 그때 채취하는 세포역시 도구로 사용하는 것을 징당화할 수는 없다.

인간 마음대로 어떤 존재를 만들어 내도 좋을까?

「인간 복제 금지에 관한 추가 의정서」는 "인간 복제는 제3자가 인간의 유전적 구성을 결정하는 것으로부터 인간을 보호하기 위해 필수 불가결한 장치를 해제할 수 있다는 점에서 인간 정체성에 대한 위협"이라고 규정하고 있다.

인간은 유전적 결정에서 제3자의 개입(하나 또는 여러 개의 특수한 유전적 특징을 가진 특정한 배아를 선택하는 것.)으로부터 확실하게 보호받을 권리가 있다. 실제로 한 인간이 자기 자신만의 고유한 유전자형을 가질 수 없게 되는 개체 복제에서는 그러한 금지 원칙이 거의 예외 없이 적용되고 있으며 논란의 여지도 아주 적다. 하지만 어떤 개입의 경우에는 논쟁이 계속해서 벌어지고 있다. 예를 들어 보자. 현재는 배아의 유전자형을 바꾸는 것이 금지되고 있다. 하지만 몇몇 과학자들은 그러한 금지에 예외를 두어 달라고 요청하고 있다. 연구를 통하여 유전병을 결정적으로 치료할 수 있는 길이 열리기 때문이다. 그렇게 되면 후손들은 앞으로 절대로 그 병에 걸리지 않게 될 것이다.

하지만 유전자형을 바꾸는 데 개입하는 것은 결과적으로 배아를 선별하는 것이나 마찬가지이다. 착상 전 유전 진단법이

개체 복제가 가능해지면 배아 상태에서
형질을 조작해서 아기를 낳을지도 모른다.

태아의 유전적 질환을 알려 줄 뿐 성별의 선택에는 사용되지 않더라도, 어쨌든 배아의 유전적 특징을 알게 해 주고 더 좋은 배아를 선택하게 해 주는 행위라고 할 수밖에 없다. 배아는 유전적으로 조작해서도, 선택해서도 안 된다고 말하는 것이 지각 있는 행동이겠지만, 현실적으로 유전자형에 대한 개입 금지 원칙은 한 사회를 이루는 구성원의 역학 관계에 따라 달라지고 있다.

복제를 통해 가족이 해체되어도 좋은가?

이 질문은 개체 복제에 적용된다. 개체 복제로 만들어진 인간의 주민 등록표를 만들자면 무척 복잡해질 것이다. 한 사람이 어머니를 다섯 명이나 가질 수 있기 때문이다. 핵을 준 어머니(핵을 추출할 수 있도록 체세포를 제공한 여성), 세포질을 준 어머니(난자를 제공한 여성), 낳아 준 어머니(자궁을 빌려 준 여성), 키워 준 어머니, 그리고 유전적인 어머니(핵을 준 사람의 어머니, 즉 할머니) 등. 게다가 핵을 준 사람이 남성이라면, 아버지라기보다 쌍둥이로 봐야 하는 것은 아닐까?

물론 부모가 여러 명 있다는 것이 반드시 가족 관계를 파괴

하는 데 간여하는 것은 아니다. 그러한 상황은 입양이나 정액 기증을 통한 인공 수정 등에서도 이미 똑같이 문제가 되었다.

하지만 복제가 가족 관계를 파괴한다고 하는 진짜 이유는 더 이상 부모 자식 간이라는 1촌 혈연 관계를 정확하게 정의하기 어려워졌기 때문이다. 핵을 준 사람은 아버지(또는 어머니)인 동시에 쌍둥이가 되며, 조부모(핵을 준 사람의 부모)는 유전적으로는 부모가 된다.(복제 인간과 핵을 준 사람이 유전적으로 쌍둥이기 때문에 이런 일이 벌어진다.) 프랑스 국가 윤리 자문 위원회가 "성체로부터 만들어지는 인간 개체의 복제는 매우 불확실한 가계 형태의 발단이 될 것이며, 더 나아가 가계라는 개념 자체를 파괴할 것이다."라는 말로 우려하는 부분이 바로 이러한 상황이다.

하지만 법학자 크리스티앙 비크는 「복제, 인간 그리고 법」에서 "과거에 간통으로 태어난 아이처럼, 미래에 비록 복제 인간이 사회적 위반의 산물이 된다 하더라도" 신원이나 가계나 상속권이 없어서는 안 될 것이라고 주장했다. 복제 인간이 인류의 자격조차 없는 것은 아니라는 것이다. 계속해서 비크는 복제 인간은 유선학 시내의 페스트 환자가 되어서는 안 되며, "복제 인간을 세상에 내놓은 자들이 위반의 책임을 져야 할 것"이라고 말한다.

아이를 잃고 그 아이 대신 복제 인간을 만들고 싶어 하는 부부의 경우를 다시 이야기해 보자.

많은 사람들이 그들에게 동정심을 표했지만, 실제로 그 부부의 부탁을 들어주는 것은 이중 기만 행위라고 할 수 있다. 우선 그러한 행위는 가족들을 기만하는 것인데, 앞에서 이미 밝힌 것처럼 복제 인간은 원래 아이와 똑같은 존재가 아니라 그 아이와는 전혀 별개의 삶을 살아가는 독자적인 존재이기 때문이다. 또 그러한 행위는 무엇보다 아이를 기만하는 일이다. 아이는 부모가 아이 그 자신을 사랑해서 태어난 것이 아니라 다른 아이를 사랑해서 그 추억을 되살리기 위하여 태어났으며, 생김새로 인하여 언제까지나 다른 아이를 대신하는 역할만 해야 하는 것이다. 유전적인 가족 관계는 유지되겠지만, 그것이 무슨 가치가 있을까?

아이를 낳는 데 성 행위는 필요 없어질까?

오늘날에는 성 행위와 생식이 분리되어 있다. 이는 사람들이 자유롭게 사랑할 수 있는 여지를 주며, 원하는 경우에만 아이를 갖도록 해 준다. 이는 고도로 발달한 피임 기술 덕분이지만, 그렇다고 해서 성 관계 없이 또는 적어도 생식 세포의 결합 없이 이이를 만들 수 있다는 것은 아니다.

그런데 체세포 핵 이식을 통하여 복제 인간을 만들면, 새로운 생명을 탄생시키는 과정에서 성 행위 자체가 사라지게 된다. 육체적 사랑이 더 이상 새로운 생명의 근원이 되지 않을 뿐만 아니라 생식 세포의 결합마저도 없어지는 것이다. 다른 인간의 일부를 취하여 한 인간을 만드는 것은 신이 아담의 갈비뼈를 이용하여 이브를 만드는 성서의 한 부분을 생각나게 한다. 하지만 복제는 성경 이야기와는 상당한 차이가 있다. 갈비뼈가 아니라 난자를 제공하는 여성과 대리모(언젠가는 인공 부화기로 대체될지도 모르지만)를 필요로 하기 때문이다.

그런데 그러한 무성 생식(이것도 생식이라고 부를 수 있다면)의 세계는 생명의 진화 과정에 비추어 보면 일종의 퇴화에 해당한다.

사실 생명의 역사에 일어났던 가장 커다란 도약의 하나는 무성 상태에서 유성 상태로 바뀐 것이었다. 복제란 무성 상태에서 사용하는 유일한 생식 방법이다. 박테리아는 30억 년 전부디 복제를 통히여 유전지를 후세로 전달하고 있다. 어미 박테리아는 분열할 때마다 그와 똑같은 개체를 만들어 낸다. 종마다 다소 차이가 있지만 성 본능의 발달은 생명 진화의 기초 중 하나였다. 우연과 자연 선택이 섞이면서 나타난 새로운 생식 환경에 얼마나 적응하느냐에 따라 어떤 종은 사라지고, 어떤 종은 더 발달해 온 것이다. 따라서 무성 생식으로 역행하는 것은 발전으로 보기 어렵다. 인간 복제는 이러한 자연의 흐름을 거스르는 것이다. 이는 인간 개체의 복제를 거부해야 하는 중요한 근거가 된다.

물론 복제 몇 번 했다고 인간의 다양성이 바뀌는 것은 아니다. 하지만 복제가 유일한 생식 방법이 된다면, 우리는 인간이 점차적으로 파멸해 가는 것을 지켜보게 될 것이다. 인간 복제 행위가 극도로 치달을 경우, 심지어 여성만으로 이루어진 사회가 만들어질지도 모른다. 핵을 제공하는 여성과 난자를 제공하는 여성, 그리고 대리모만 있으면 되니까. 남성은 이 세상에서 별 쓸모가 없다는 이야기다. 상상할 수조차 없는 세상이 아닌가!

유전자형을 선택해서 물려주어도 되는 걸까?

이 문제는 모세가 근친상간을 금지했을 때와 유사한 문제라고 할 수 있다. 근친혼은 자식 대에 유전병이 나타나게 만드는 요인이 된다. 복제에 의한 생식 역시 그와 비슷한 위험을 숨기고 있지는 않을까?

아직 복제 인간이 나타난 바 없기 때문에 이에 대한 확실한 증거는 없다. 하지만 그럴 가능성이 있음을 보여 주는 첫 번째 단서는 복제 생물의 급속한 노화 현상이다.

복제양 돌리는 태어났을 때 이미 상당히 나이가 든 상태였다. 2003년에 돌리는 태어난 지 6년 만에 죽었다. 돌리가 여섯 살 난 양의 체세포를 복제하여 태어났으며 양의 평균 수명이 11~12년인 것을 감안하면, 돌리는 정해진 수명대로 산 셈이다.

돌리의 급격한 노화 현상을 연구한 끝에 과학자들은 돌리의 염색체가 완전히 복원되지 않았다는 것을 알아냈다. 일반적으로 복제 시스템은 염색체 말단에 위치해 있으며, 세포 분열을 할 때마다 그 부분의 DNA가 복제된다. 그러나 다른 모든 것이 복제될 때에도 복제 장치를 밑에서 받치고 있는 작은 부분만은 복제가 되지 않는데, 그러면 '텔로미어 효소'에 의한 복구 시

• • •

텔로미어 염색체의 끝 부분에 있는 단백질과 DNA의 결합체로 분열 과정에서 염색체를 보호하는 역할을 한다. 이 텔로미어 효소는 세포의 재생 능력, 즉 수명과 관련이 깊다. 그 메커니즘을 소개하면 다음과 같다. 우선 세포가 나이를 먹거나 손상되어 수명을 다하면 새로운 세포를 다시 만들어 내기 위해 유전자 안에 있는 프라이머라는 복제 장치를 사용한다. 이 복제 장치를 작동시키는 것이 텔로미어이다.

스템이 작동하면서 그 복제 장치를 복원하는 것이다. 돌리는 태어날 때부터 그러한 시스템을 제대로 사용할 수 없는 상태였고, 그 결과 세포 분열을 할 때마다 텔로미어가 점차 짧아져 세포 기능을 상실했던 것이다. 이러한 결함은 노화의 중요한 요인 중 하나로 알려져 있다.

이 말이 맞다면 치료 복제(또 개체 복제)는 늙은 세포를 제공하는 것이라고 할 수 있다. 누가 그런 치료를 받고 싶어 할까? 또 그러한 비정상적인 특징을 가진 세포를 제공해도 되는 것일까?

그런데 정말로 부도덕한 일은 복제를 통하여 후손에게 손상된 유전자형을 물려주는 것이다.

유전자형의 관점에서 보면, 정상적인 수정란 생성 과정에서 나오는 생식 세포와 복제 생물의 핵을 제공하는 성체 세포 사이에는 큰 차이가 있다. 생식 세포가 배아 첫 단계부터 사춘기까지 인체 내에 따로 보관되어 있다면, 성체 세포는 이미 수많은 분열을 거쳐서 심각한 변이가 일어나 있을 가능성이 높다.

이러한 변이가 왜 문제인지를 자세히 살펴보자.

●　●　●

텔로미어의 길이는 미리 정해져 있어서, 새로운 세포가 생성되는 만큼 짧아진다. 새로운 세포를 많이 만들수록, 즉 나이가 들수록 텔로미어가 새로운 세포를 만드는 능력이 떨어지는 것이다.

세포가 분열할 때 딸세포는 모세포의 유전자형을 복제해서 물려받는다. 이러한 복제는 거의 완벽하지만, 10만 번에 1번 정도는 약간씩 오류가 발생한다. 이렇게 복제의 오류를 통하여 나타나는 유전자형을 변이라고 한다. 이러한 변이는 워낙 사소하기 때문에 아무것도 아닌 것처럼 보일 수도 있다. 하지만 복제가 계속되면서 그러한 오류는 후손에까지 지속적으로 전해지며, 그러는 동안 다른 오류들도 덧붙여지게 된다. 따라서 이미 많은 복제를 거친 세포를 선택하는 것은 변이로 가득 찬 세포, 다시 말해 **유전체**(게놈)에 오류가 잔뜩 기록된 세포를 선택하는 것이다. 따라서 복제 생물은 후손에게 질병을 가져오거나 유전병이 나타날 우려가 높다고 할 수 있다.

자연은 변이의 위험을 최소화하기 위해 생식 세포를 세포 분열을 거의 겪지 않은 상태에서 따로 보관해 두고 있다. 후손이 수많은 세대에 걸쳐 오래도록 번창할 수 있도록 말이다. 물론 정상적인 생식 방법에서도 유전적 부하˚는 세대마다 증가한다. 그러나 유전적 부하의 증가 속도는 아주 느리기 때문에

• • • •

유전적 부하 생명의 진화는 자연에서 우연히 발생하는 크고 작은 생물적 변이들이 수십억 년 동안 자연 선택을 거치면서 끊임없이 축적되어 이루어진다고 할 수 있다. 요컨대 변이는 진화의 전제 조건이다. 이와 같은 자연 선택의 과정에서 변이

환경과의 상호 작용, 즉 자연 선택을 통하여 상당 부분 상쇄된다. 이와는 달리 수많은 변이가 한꺼번에 나타날 경우에는 유전자형이 환경에 적응할 시간을 갖지 못하기 때문에 곧바로 다음 세대에 유전병 등이 나타날 확률이 높다. 실제로 복제 때 단한 세대 동안 나타나는 변이의 수는 자연 상태에서 10만 년 동안 축적되는 변이의 수와 거의 비슷하다. 이는 복제 동물에게서 쉽게 유전적 장애가 나타나는 이유를 설명해 준다.

후손에게 변질된 유전자형을 고의로 물려주는 것, 바로 여기에 복제를 도덕적인 면에서 금지하는 이유가 있다. 그러한 책임을 져야 한다는 사실을 인식한다면, 복제를 하는 많은 이들도 틀림없이 깊이 생각해 보게 될 것이다.

● ● ● ●

가 선택되거나 도태되려면, 반드시 변이가 한 개체에게서 표현형을 얻어 드러나야만 한다. 그러나 어떤 변이는 당대에 표현되지 못하고 미래에 특정 조건에 이를 때까지 잠재적으로만 존재한다. 이처럼 잠재적으로 해로울 가능성이 있는 열성 유전자도 계속해서 유전되는데, 이 유전자들이 세대를 거듭하면서 축적되면 그 유전자들을 갖고 있는 종 전체에 위협이 될 수도 있다. 유전적 부하란 해로운 열성 유전자를 가진 개체들로 인하여 특정한 종 전체가 받는 생존 위협을 뜻한다.

복제는 사회를 어떻게 뒤흔드는가?

복제는 단지 윤리적인 문제에 그치는 것이 아니라 각종 사회 문제들을 야기한다. 이제 그것들을 차례대로 살펴보자.

복제 인간의 신분은 어떻게 될까?

복제 인간의 신분 문제를 오랫동안 고민해 온 사람은 크리스티앙 비크이다. 그는 출생 전부터 이미 법적·윤리적 위반의 희생자인 복제 인간이 출생 후에 또 다른 불행을 겪지 않게 하기 위해 "복제 인간에게 인간적인 면에서도, 법적인 면에서도 다른 아이들, 즉 그들의 형제자매와 동일한 신분을 주자."라고 제안한다.

이러한 원칙에 따르면 복제 인간은 복제 인간에게 세포를 빌려 준 사람의 쌍둥이로 볼 수 없다. 하지만 동시에 복제 인간이 그 사람과 전혀 혈연 관계가 없다고 볼 수도 없다.

그렇다면 복제 인간의 경우, 대리모를 어머니로, 그리고 대리모의 남편(핵을 주었거나 주지 않았거나 간에)을 아버지로 보는 것이 바람직힐 것이다. 또는 핵을 준 사람을 아버지로, 그 아내를 어머니로 볼 수도 있겠다. 하지만 만약 핵을 준 사람의 아내와 대리모가 같은 사람이 아닐 경우, 대리모는 어떻게 보아야 하며, 복제 인간은 대리모를 어떻게 불러야 할까?

이 문제들에 대한 똑 부러지는 답변을 기대하기에는 좀 더 많은 시간이 필요한 것 같다. 아직 이쪽은 거의 시도조차 되고 있지 않아서 공상 과학 소설에서나 나오는 이야기처럼 들리니까 말이다. 하지만 다음에 제기하는 두 가지 문제는 전혀 그렇지 않다.

난자 매매가 이루어지게 될까?

치료 복제가 허용되는 순간 난자를 어떻게 구할 것인가 하는 문제가 초미의 관심사로 제기될 것이다. 과배란을 유도하기 위하여 호르몬 주사를 맞는 일에서 시작하는 난자 채취 시술을 아무 이유 없이 기꺼이 받으려고 하는 여성은 거의 없을 것이다. 물론 불치병의 치료에 도움을 주리라는 인류애를 바탕으로 난자를 제공하려는 사람도 없지는 않겠지만, 대부분은 경제적 대가를 제공받고 난자를 팔아넘기려고 할 것이다. 그러나 장기 매매가 그러하듯이, 난자의 매매 역시 치료 복제 기술의 발전에 장애가 될 뿐만 아니라, 온갖 사회적 탈선으로 이어질 수 있다.

치료 복제는 난자를 기증받는 것에서 시작하기 때문에 난자 매매의 위험은 대수롭게 볼 문제가 아니다. 게다가 난자들은 대개 부유한 노인을 치료하는 데 사용될 가능성이 높기 때문에, 가난한 사람들이 유혹에 넘어갈 위험이 있다.

'난자 상인'이 새로운 직업으로 등장하는 것은 아닐까? 국제적으로 장기 매매를 엄격하게 금지하고 있지만 장기 밀매상이 공공연하게 존재하는 것처럼, 과연 이들의 등장을 막을 수 있을까?

물론 생물학자들과 치료 복제 사업의 후원자들은 기술을 통하여 그러한 난관을 피해 가려고 할 것이다. 예를 들어 인간 여성에게 도움을 청하지 않기 위해, 암소와 같은 동물의 난자와 사람의 핵을 써서 인간과 동물의 잡종 배아를 만들고, 현재 돼지를 통해 인슐린을 생산하듯이 거기서부터 특정 장기를 발생시키려고 할지도 모른다. 그러나 치료 복제용으로만 이러한 생물의 탄생을 인정한다 하더라도, 도저히 인간이라고 볼 수 없는 이 잡종 복제 생물은 무엇이라고 불러야 할까?

복제는 누구에게 이익이 될까?

그런저런 난관을 헤치고 생산한 치료용 복제 세포를 생산하더라도 마지막으로 그것을 무료로 나누어 줄 것인가, 돈을 주고 필 것인가 하는 문제가 남아 있다. 물론 그 세포들에는 이미 치료 제품의 품질을 유지하고 관리하는 방식으로 값이 매겨져 있다. 아마도 그 값은 난자를 제공한 여성에게 주어지는 보수와 세포 배양에 필요한 비용을 기준으로 하여 책정될 것이다.

그러나 이 제품을 상업화하는 바이오 벤처 회사가 수익을 얻는 것이 정당한 일일까? 생명 복제를 둘러싼 이러한 문제를 인식한 유럽 공동체는 「공공질서와 미풍양속에 반하는 인간 복제 공정에 대한 특허」를 특허권의 대상에서 제외해 버렸다.

결국 치료 복제도 수혈과 장기 이식과 비슷한 사회적 유통 형태를 갖게 될까? 기증을 통해 운영되는 국가 기관을 통하든지, 아니면 제약 회사나 병원 연락망을 통하든지 간에?

영국이나 한국과 같은 몇몇 나라에서 이미 치료 복제에 대한 연구에 들어가 있지만, 이상에서 살펴본 사회적 문제들에 대해서는 답을 내놓지 못하고 있는 형편이다.

3

줄기 세포의 복제가
정말 유일한 길일까?

만능 세포를 얻는 다른 방법은 없을까?

개체 복제에 대해서는 모두, 아니 거의 모두가 옳지 않다고 비난하고 있지만, 치료 복제에 대해서는 많은 사람들이 관심을 보인다. 치료 세포의 공급원, 즉 만능 세포(배아 줄기 세포)를 얻으려면 반드시 복제 배아 단계를 거쳐야 하는데도 말이다.

배아의 궁극적인 존재 이유 문제나 배아의 도구화 문제를 어찌어찌 해결한다 하더라도, 치료 목적으로 엄격하게 제한되어 사용되는 배아를 자궁에 착상하기만 하면 곧바로 복제 인간이 만들어지는 것이므로, 개체 복제와 치료 복제를 따로 떼어 놓고 보는 것은 말이 되지 않는다. 결국 악마를 불러들일 가능성이 높은 일 아니겠는가?

하지만 유전 질환 대부분을 단숨에 해결할 수 있는 것처럼 보이는 이 매력적인 치료 방법을 사람들이 쉽게 포기할 리도 없어 보인다. 그렇다면 배아 복제 말고 다른 방법으로 만능 세포를 얻을 수 없을까?

배아 복제의 대안은 없을까?

배아나 태아가 아니라 다 자란 성체의 경우에도 각 조직을 이루는 세포는 끊임없이 새것으로 바뀐다. 이러한 세포의 교체는 성체 줄기 세포에서 이루어진다. 성체 줄기 세포는 이미 분화가 완전히 이루어진 상태이기 때문에 '다기능 줄기 세포'라고 한다.

성체 줄기 세포는 그 작용이 제한되어 있다는 점에서 만능 세포인 배아 줄기 세포와는 능력 차이가 난다. 혈액 세포를 만드는 다기능 줄기 세포는 피부나 근육을 만드는 다기능 줄기 세포와 다르며, 대신 적혈구와 백혈구, 혈소판, 혈관 세포의 교체는 모두 혈액 세포를 만드는 다기능 줄기 세포에서 이루어진다. 만약 어떤 조직이 노화했다면, 그 조직의 다기능 줄기 세포의 기능이 떨어진 것으로 이해할 수 있다.

성체 줄기 세포

성체 줄기 세포 연구는 1960년대에 골수 속에서 조혈 모세포를 처음 발견하면서부터 시작되었다. 성인에게도 배아 줄기세포와 유사한 다기능 줄기 세포가 존재한다는 사실은 과학계에 커다란 충격을 주었다. 다기능 성체 줄기 세포만 찾기만 하면 모든 노화 조직을 복구할 수 있으리라는 희망을 준 것이다.

간 세포와 근육 세포, 신경 세포를 혈액에서 얻거나, 근육 조직 세포를 뉴런에서 얻을 수 있다는 것은 수많은 실험들을 통하여 이미 증명된 바 있다. 성체 줄기 세포들을 통하여 치료 목적을 달성한다면, 치료 복제를 둘러싼 윤리 문제를 상당 부분 해결할 수 있을 것이다.

하지만 성체 줄기 세포에 문제가 전혀 없는 것은 아니다. 성체 줄기 세포는 골수, 탯줄 혈액, 지방 등에서 추출할 수 있는데, 윤리 문제는 피해 갈 수 있지만 증식이 잘 되지 않아서 치료에 필요한 만큼 충분한 양을 얻기 어려우며 치료 효과의 폭이 좁고 완치 가능성이 의심되는 등의 한계가 있다.

분화 세포에서부터 줄기 세포 얻기

배아 복제를 대체할 수 있는 또 다른 가능성은 이미 분화된 세포를 분화되지 않은 상태로 돌려놓는 것이다.

배아 줄기 세포는 처음에는 신경, 근육, 피부 등 아무것이나 될 수 있지만, 일단 특정 세포로 분화하고 나면 그러한 만능성을 잃어버리고, 세포 자신의 생존에 필요한 물질을 제외하면 케라틴,˚ 헤모글로빈,˚ 미오신˚과 같은 특수 물질 몇 가지만을 생성한다. 이렇게 더 이상 다른 세로로 분화할 수도, 그러한 세포를 만들어 낼 수도 없는 세포를 **최종 분화 세포**라고 한다. 최종 분화 세포는 자신에게 주어진 기능만을 수행하다가 죽으며, 그 세포가 죽고 나면 다른 최종 분화 세포로 대체된다.

그렇다면 자연스럽게 분화 세포의 잃어버린 만능성을 다시 회복하여 줄기 세포를 얻을 수는 없을까? 또는 성체 줄기 세포를 배아 줄기 세포로 바꿀 수는 없을까? 이러한 가능성이 전혀 없다고는 볼 수 없다. 우리는 이미 개체 복제의 과정에서 그 가능성을 발견한 바 있다.

●　●　●

케라틴(keratin) 동물의 표피, 모발, 손톱, 발톱, 뿔, 발굽, 깃털 따위를 이루는 주성분인 경질(硬質) 단백질을 통틀어 이르는 말.
헤모글로빈(hemoglobin) 철을 함유하는 빨간 색소인 헴과 단백질인 글로빈의 화합물. 적혈구 속에 들어 있으며, 호흡 과정에서 산소를 운반하는 중요한 역할을 한다.
미오신(myosin) 1942년 센트최르지가 발견한 단백질로, 액틴과 함께 근단백질의 주성분을 이루어 근육의 수축과 이완에 중요한 역할을 한다.

난자의 세포질과 결합하면서 성체 세포의 핵이 잃어버렸던 많은 가능성들(태반을 만드는 가능성까지)이 다시 생겨나는 것을 보았지 않은가? 분화 세포를 얻을 때까지는 수많은 세포 형성 과정이 필요했지만, 성체 세포의 핵은 극히 짧은 시간에 다시 미분화 상태로 되돌아갔다. 난자의 세포질에 있는 어떤 물질이 최종 분화 세포를 다시 전능 세포가 되도록 만들어 준 것일까? 그것만 알아내는 데 성공한다면, 성체 줄기 세포를 미분화 상태로 되돌릴 수 있을지도, 즉 배아 줄기 세포로 만들 수 있을지도 모르는 일이다.

복제, 어떻게 할 것인가?

이후에 올 후손들에게 유전적 부하를 고의로 짊어지울 수 없다는 점에서 개체 복제는 명백하게 부도덕한 것이다. 하지만 치료 복제는 계속해서 우리에게 선택을 강요하고 있다.

가능하다면 성체 줄기 세포의 연구를 통하여 이 문제를 해결함으로써 배아 복제를 둘러싼 윤리 문제에서 자유로워지는 것을 꿈꾸고 싶다. 하지만 그날까지 모든 사람이 참을 수 있을지 아무도 알 수 없다. 그렇다면 다른 확실한 대안이 있을 때까지 치료를 위해서 배아를 복제하는 것은 그대로 허용해도 좋은 일일까?

물론 위험에 빠진 이들을 구하고 돕는 것이 우리에게 주어진 첫 번째 계명이라는 것은 분명한 사실이다. 하지만 혹시 그것에 한계는 있지 않을까? 장기 이식을 위해 살아 있는 사람을 훼손하는 일이 이미 인정되고 있으니, 배아를 도구화하는 것도 허용할 수 있는 일일까?

다시 한 번 깊이 숙고한 후에야 이에 대한 답을 시도할 수 있으리라.

복제와 과학 연구의 순수성 옹호 선언

여기 서명한 우리는 고등 동물의 복제와 관련하여 중요한 과학적 진전이 있었다는 발표를 대대적으로 환영한다. 금세기 내내 물리학, 생물학, 행동 과학은 인류가 미래를 위하여 중요한 능력을 가질 수 있도록 공헌해 왔다. 그리고 이러한 발전은 결과적으로 인류의 건강을 크게 향상시키는 데 기여했다. 새로운 기술은 당연히 윤리적 문제들을 제기하기도 했지만, 인류 사회는 대체로 그러한 문제들에 당당하게 대응함으로써 공공의 복리를 향상시킬 수 있는 해답을 찾고자 하는 의지를 피력해 왔다.

고등 동물의 복제는 사실 윤리적 우려를 낳고 있다. 복제로 얻을 수 있는 혜택을 극대화하는 한편, 복제의 남용을 방지할 수 있는 적절한 지침을 마련할 필요가 있다. 그러나 그와 같은 지침은 개인의 자율성과 선택을 되도록 최대한 존중하는 것이어야 한다. 요컨대 과학 연구의 자유와 순수성을 방해하지 않도록 모든 노력을 기울여야 하는 것이다.

인간을 복제하는 능력을 증명해 보인 사람은 아직 아무도 없다. 그러나 현재의 연구 성과가 인간 복제를 향한 길을 열지도 모른다는 가능성만으로 빗발치는 항의가 터져 나왔다. (중략) 비판자들은 끔찍한 결과가 초래될 것을 예언하며, 복제를 이카로스의 신화나 프랑켄슈타인에 즐겨 비교하고 있다. 그 가장 격렬한 비난의 근저에는 인간 복제가 지금까지 과학적 또는 기술적 발전과 관련하여 인류가 직면해 왔던 그 어떤 것보다 심각한 도덕적·윤리적 딜레마를 야기할 것이라는 생각이 자리 잡고 있는 것 같다. (중략)

인간 복제에 관해 제기해야 할 첫 번째 문제는 초자연적이거나 영적인 논거를 기준으로 하는 이들이 과연 그러한 논쟁에 끼어들 합당한 자격이 있는가 하는 것이다. 물론 누구나 자기 의견을 말할 권리는 있다. 그러나 우리는 거대한 잠재적 혜택을 지닌 연구가 단순히 어떤 사람들의 종교적 신념을 거스른다는 이유 때문에 금지될 수도 있는 매우 현실적 위험에 처해 있다고 믿고 있다. 과거에도 이와 유사한 반대들이 해부, 마취, 인공 수정, 그리고 우리 세대에 진행되고 있는 유전자 혁명의 과정에서 제기되어 왔다. 그러나 이러한 분야의 발전 덕분에 현재 우리가 커다란 혜택을 누리고 있다는 사실을 결코 무시해서는 안 된다. 인류의 신비주의적인 과거에 근거한 인간 특성에 대한 견해가 복제에 관한 도덕적 결정을 내리는 데 기준이 되어서는 안 된다. (후략)

리처드 도킨스(생물학자)

마리오 번지(철학자)

세르게이 카피차(물리학자)

셀마 래빈(철학자)

시몬 베이(전 유럽 의회 의장)

아돌프 그륀바움(철학자)

안토니 플루(철학자)

에드워드 윌슨(사회 생물학자)

요한 갈퉁(사회학자)

이사야 벌린(철학자)

콰인(철학자)

타슬리마 나스린(작가)

프란시스 크릭(생물학자)

허먼 본디(물리학자)

허버트 하우프트만(물리학자)

호세 델가도(신경학자)

● ● ●

복제양 돌리의 발표 이후 다양한 분야의 명사들이 모여서 발표한 선언. 미국에서
발행하는 《*Free Inquiry*》 17권 제3호(1997)에 실려 있다.

더 읽어 볼 책들

- 김홍재, 『인간 복제 시대가 온다』(살림, 2005).
- 문시영, 『생명 복제에서 생명 윤리로』(대한기독교서회, 2001).
- 안종주, 『인간 복제, 그 빛과 그림자』(궁리, 2003).
- 이승구, 『인간 복제, 그 위험한 도전』(예영커뮤니케이션, 2003).
- 이진우 외, 『인간 복제 시대에 대한 철학적 성찰』(문예출판사, 2004).
- 한국과학문화재단 엮음, 『초등학생도 이해하기 쉬운 줄기 세포 배아 복제 이야기』(아침나라, 2005).
- 그레고리 펜스, 이용혜 옮김, 『누가 인간 복제를 두려워하는가』(양문, 2001).
- 도미니크 르쿠르, 권순만 옮김, 『인간 복제 논쟁 - 인간 복제 이후의 인간은 어디로 가는가』(지식의풍경, 2005).
- 라인하르트 레네베르크, 이광일 옮김, 『당신이 고양이를 복제했어』(들녘, 2005).
- 스티븐 제이 굴드 외, 박찬구 외 옮김, 『인간 복제, 무엇이 문제인가』(울력, 2002).
- 알린 주디스 클로츠코, 이한음 옮김, 『나를 복제한다면』(을유문화사, 2005).
- 헤이즐 리처드슨, 황우석 옮김, 『어떻게 양을 복제할까』(사이언스북스, 1999).

논술 · 구술 시험은 논리적이고 종합적인 사고를 요구한다. 다음에 제시된 문제는 이 책의 주제와 연관이 있는 논술 · 구술 기출 문제이다. 이 책을 통하여 습득한 과학적 지식과 원리, 입체적이고 논리적인 접근 방식을 활용하여 스스로 문제에 답해 보자.

▶ 복제 인간이 불러올 사회적, 윤리적 문제와 과학자의 입장에 대한 의견을 개진하시오.

▶ 인간 복제 연구가 근본적으로 인간 생명의 존엄성에 위배된다고 생각하는 사람들이 많은데, 이에 대한 견해를 말하라.

▶ 인간 복제 문제를 금지하거나 또는 허용하거나 하는 것을 정치인들이 결정하는 것이 정당하다고 생각하는지 말하시오.

▶ 줄기 세포에 대해 말해 보시오.

▶ 순종 생쥐는 어떠한 이유로 만들어질 수 있었다고 생각하는가? 야생 생쥐에 비하여 번식력 등이 떨어진다는 사실은 어떻게 설명하여야 하는가?

옮긴이 | 김성희

부산대 불어교육과 및 동대학원을 졸업했으며 현재 전문 번역가로 활동 중이다.

민음 바칼로레아 01

복제는 정말로 비윤리적인가?

2판 1쇄 펴냄 2021년 3월 30일
2판 5쇄 펴냄 2024년 8월 8일

1판 1쇄 펴냄 2006년 1월 5일
1판 8쇄 펴냄 2015년 8월 31일

지은이 | 로렝 드고
감수자 | 최재천
옮긴이 | 김성희
발행인 | 박근섭
펴낸곳 | ㈜민음인

출판등록 | 2009. 10. 8 (제2009-000273호)
주소 | 06027 서울 강남구 도산대로 1길 62 강남출판문화센터 5층
전화 | **영업부** 515-2000 **편집부** 3446-8774 **팩시밀리** 515-2007
홈페이지 | minumin.minumsa.com

도서 파본 등의 이유로 반송이 필요할 경우에는 구매처에서 교환하시고
출판사 교환이 필요할 경우에는 아래 수소로 반송 사유를 적어 도서와 함께 보내주세요.
06027 서울 강남구 도산대로 1길 62 강남출판문화센터 6층 민음인 마케팅부

㈜민음인은 민음사 출판 그룹의 자회사입니다.